Método prático para
cavaquinho
Waldir Azevedo

Nº Cat.: 390-M

Irmãos Vitale Editores Ltda.
vitale.com.br
Rua Raposo Tavares, 85 São Paulo SP
CEP: 04704-110 editora@vitale.com.br Tel.: 11 5081-9499

© Copyright 1953 by Todamérica Edições Ltda. - Rio de Janeiro - Brasil.
Todos os direitos autorais reservados para todos os países. *All rights reserved*.

Créditos

Capa e projeto gráfico
Maurício Biscaia Veiga

Revisão Ortográfica
Marcos Roque

Coordenação Editorial
Roberto Votta

Produção Executiva
Fernando Vitale

CIP-BRASIL. CATALOGAÇÃO NA FONTE
SINDICATO NACIONAL DOS EDITORES DE LIVROS - RJ.

A989m

Azevedo, Waldir, 1923-1980
   Método prático para cavaquinho / Waldir Azevedo. - São Paulo : Irmãos Vitale, 2010.
   32p. : música

   ISBN 978-85-7407-312-5

   1. Cavaquinho - Instrução e estudo.
   2. Cavaquinho - Métodos.
      I. Título.

10-6241.   CDD: 787.3
                                                   CDU: 780.614.333

02.12.10   14.12.10   023217

Afinação

A verdadeira afinação do cavaquinho é a seguinte: **Ré - Sol - Si - Ré**, de cima para baixo.

Pode-se afiná-lo por intermédio do diapasão **Lá**, da seguinte maneira: suspende-se a 3ª corda que é o **Sol**, sempre colocando um dedo na 2ª casa do cavaquinho, até igualar o som com o diapasão; feito isso, teremos a nota **Sol** (3ª corda solta); em seguida, coloca-se um dedo na 4ª casa do **Sol** e suspende-se a 2ª corda, que é o **Si**, até igualar o som; depois, no **Si** coloca-se um dedo na 3ª casa e suspende-se a 1ª corda, que é o **Ré**, até igualar o som; a 4ª corda basta suspender até igualar o som com a 1ª corda, porém uma oitava abaixo, e assim obteremos a nota **Ré**.

Explicações

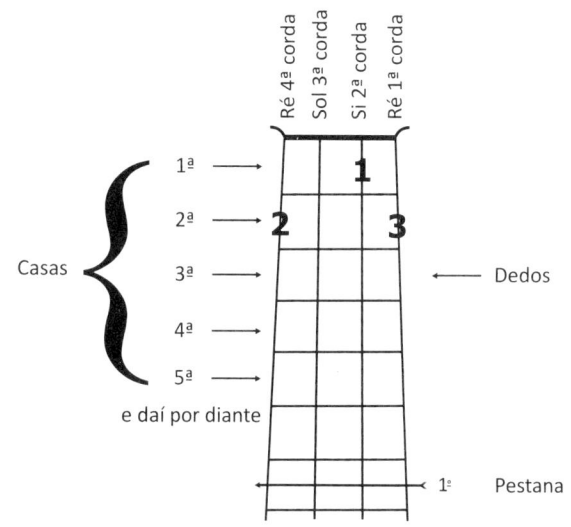

O sinal em forma de seta (⟵————⟶ 1º) chama-se pestana, a qual é feita sempre com o 1º dedo.

Os números dentro do quadro indicam os dedos a contar: 1 indicador até o 4 mínimo.

DÓ MAIOR (C)

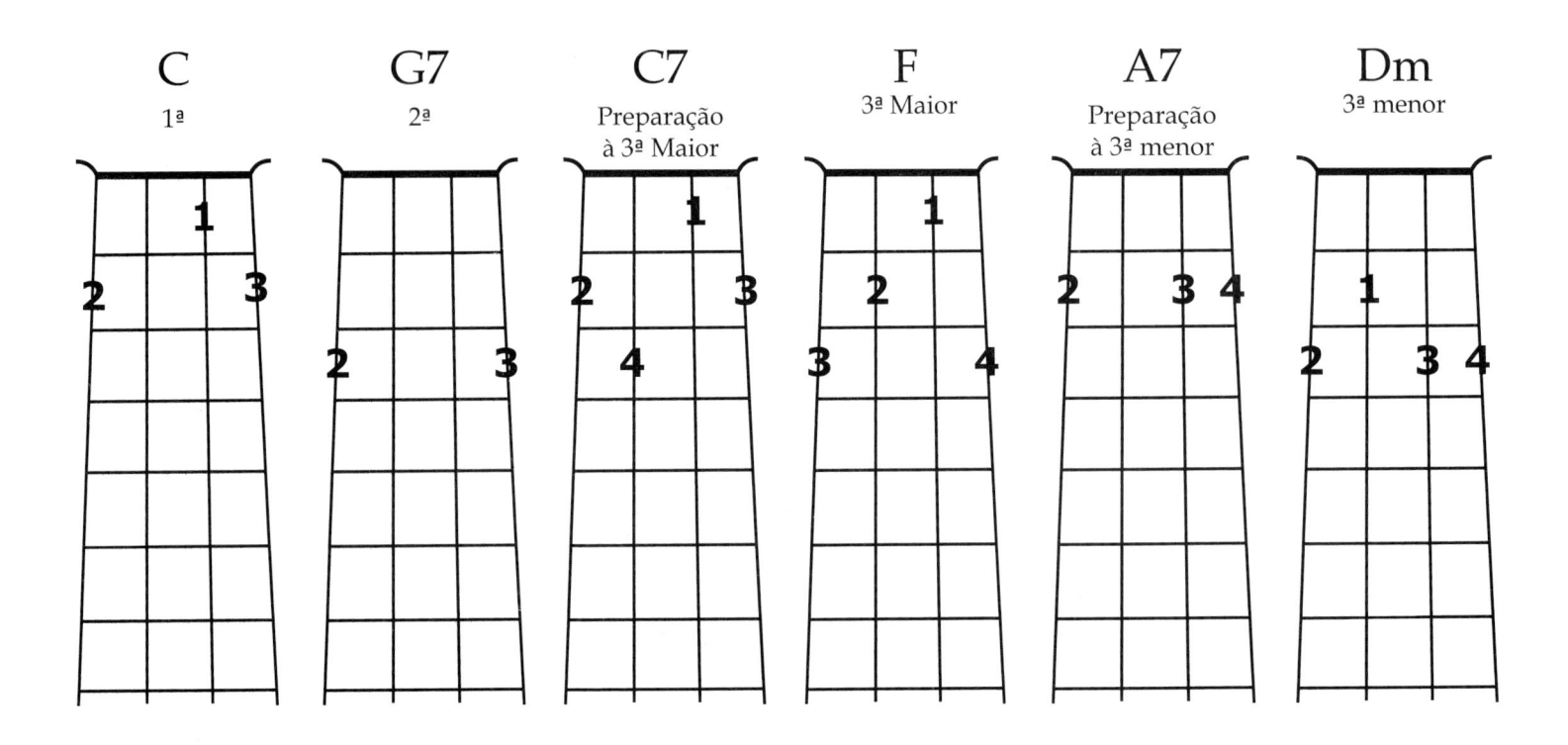

C	G7	C7	F	A7	Dm
1ª	2ª	Preparação à 3ª Maior	3ª Maior	Preparação à 3ª menor	3ª menor

LÁ MENOR (Am)

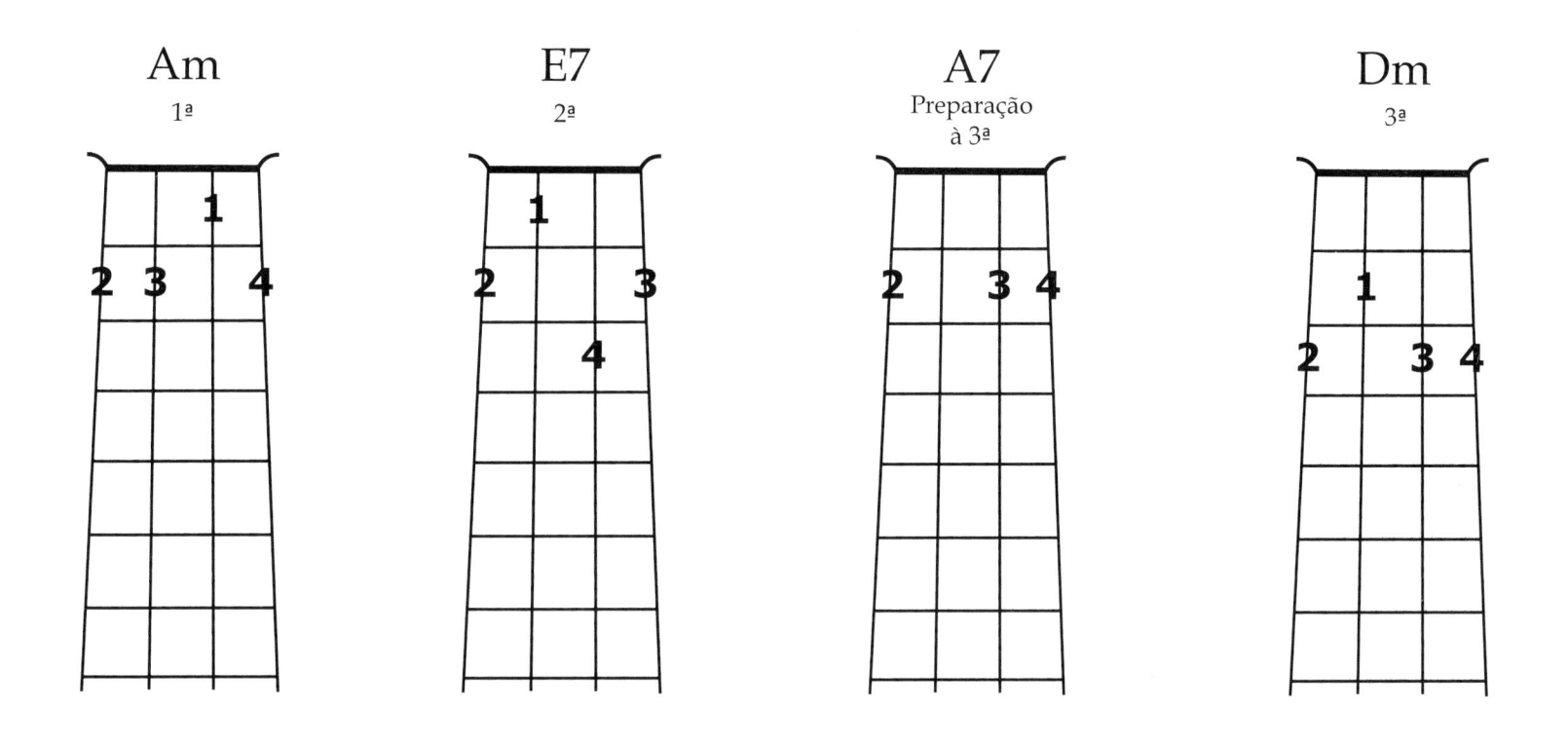

Am
1ª

E7
2ª

A7
Preparação
à 3ª

Dm
3ª

RÉ MAIOR (D)

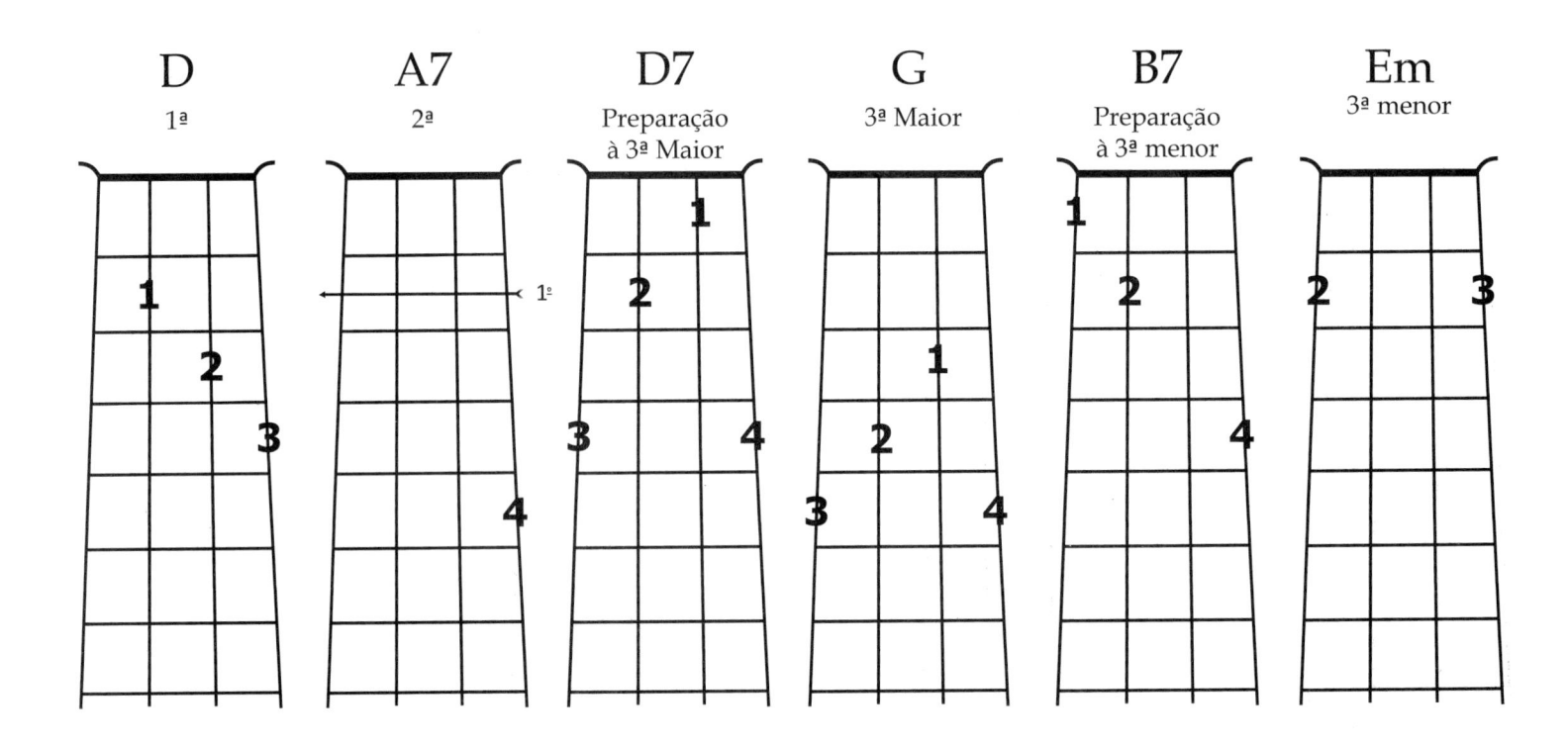

D	A7	D7	G	B7	Em
1ª	2ª	Preparação à 3ª Maior	3ª Maior	Preparação à 3ª menor	3ª menor

SI MENOR (Bm)

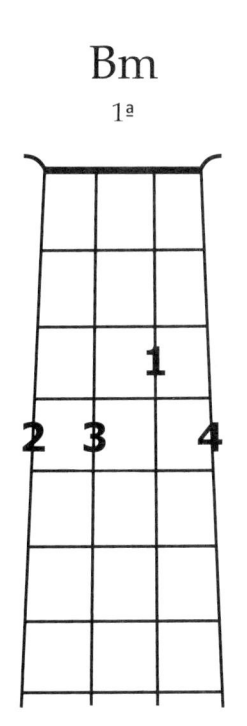

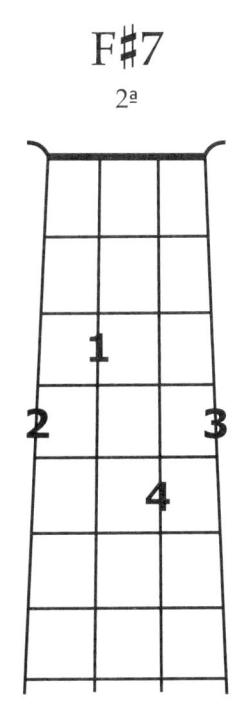

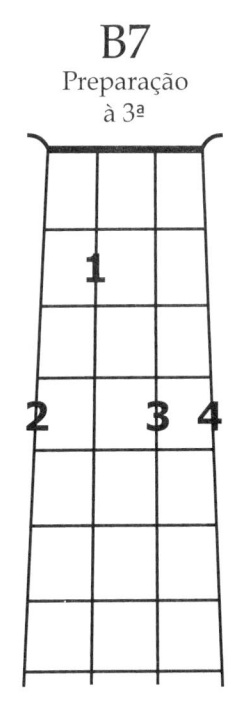

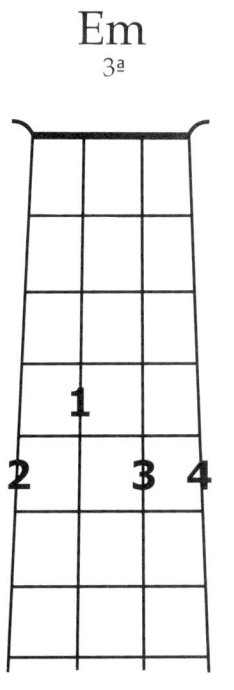

Bm
1ª

F#7
2ª

B7
Preparação à 3ª

Em
3ª

MI MAIOR (E)

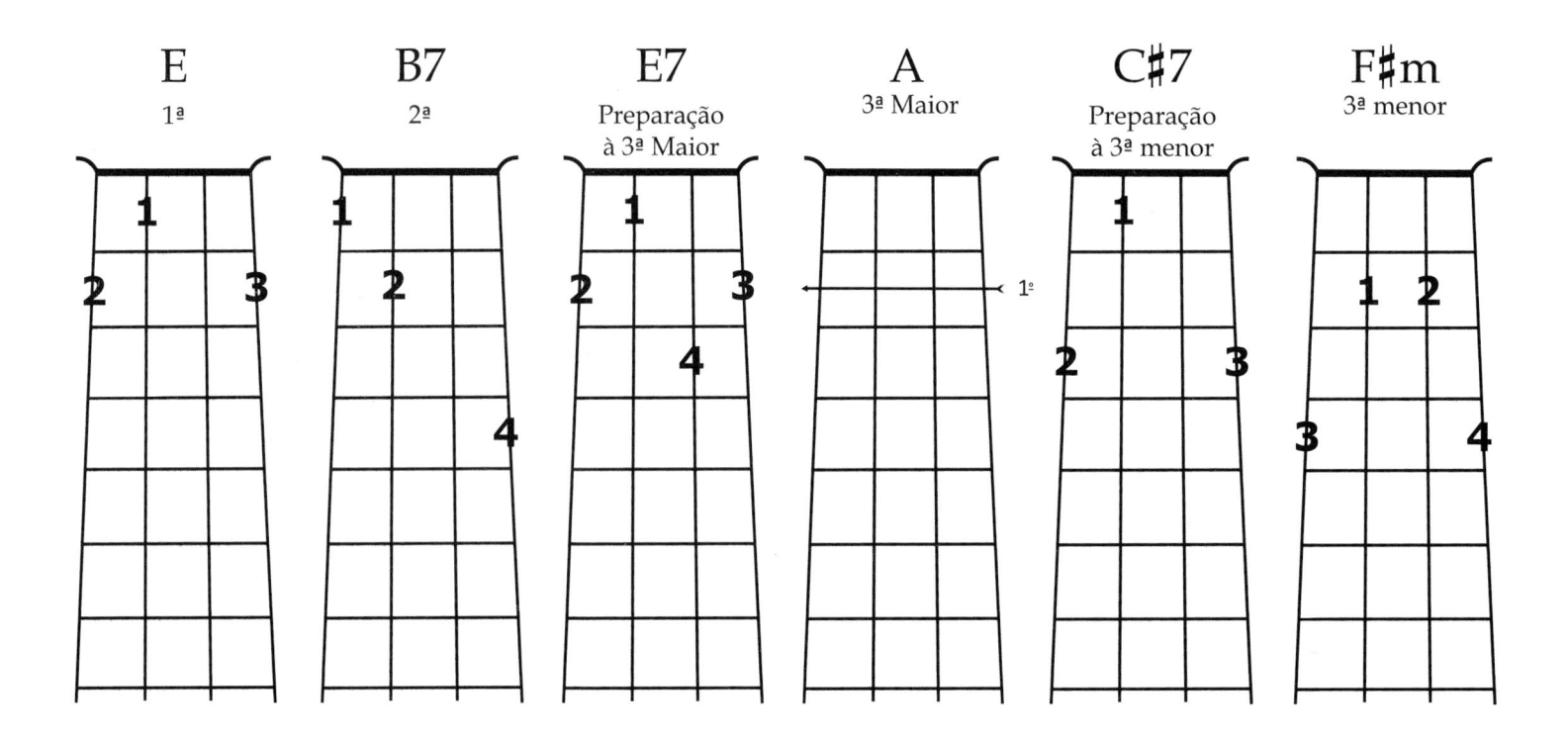

E
1ª

B7
2ª

E7
Preparação
à 3ª Maior

A
3ª Maior

C♯7
Preparação
à 3ª menor

F♯m
3ª menor

DÓ SUSTENIDO MENOR (C#m)

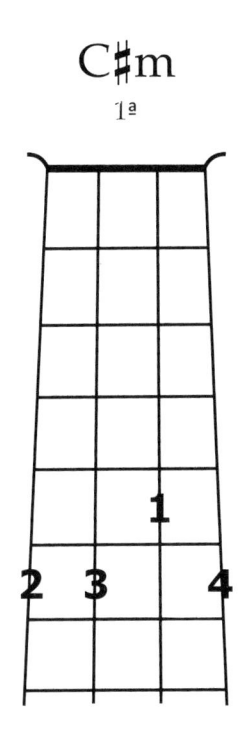

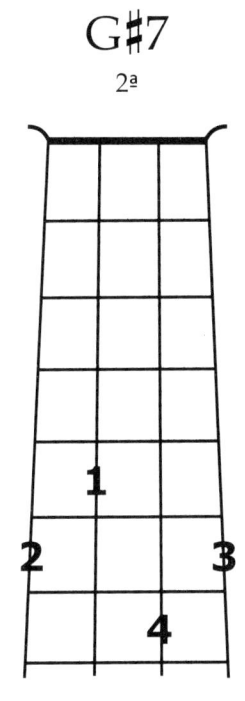

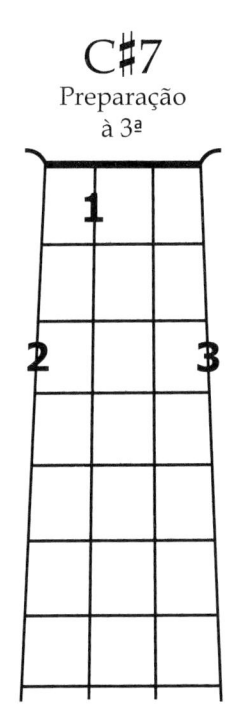

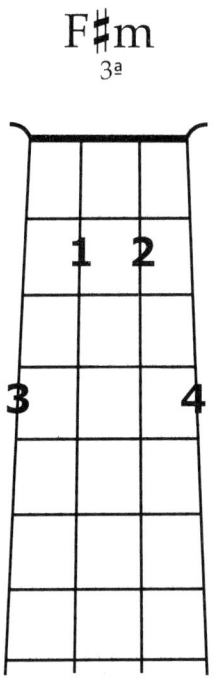

C#m
1ª

G#7
2ª

C#7
Preparação à 3ª

F#m
3ª

FÁ MAIOR (F)

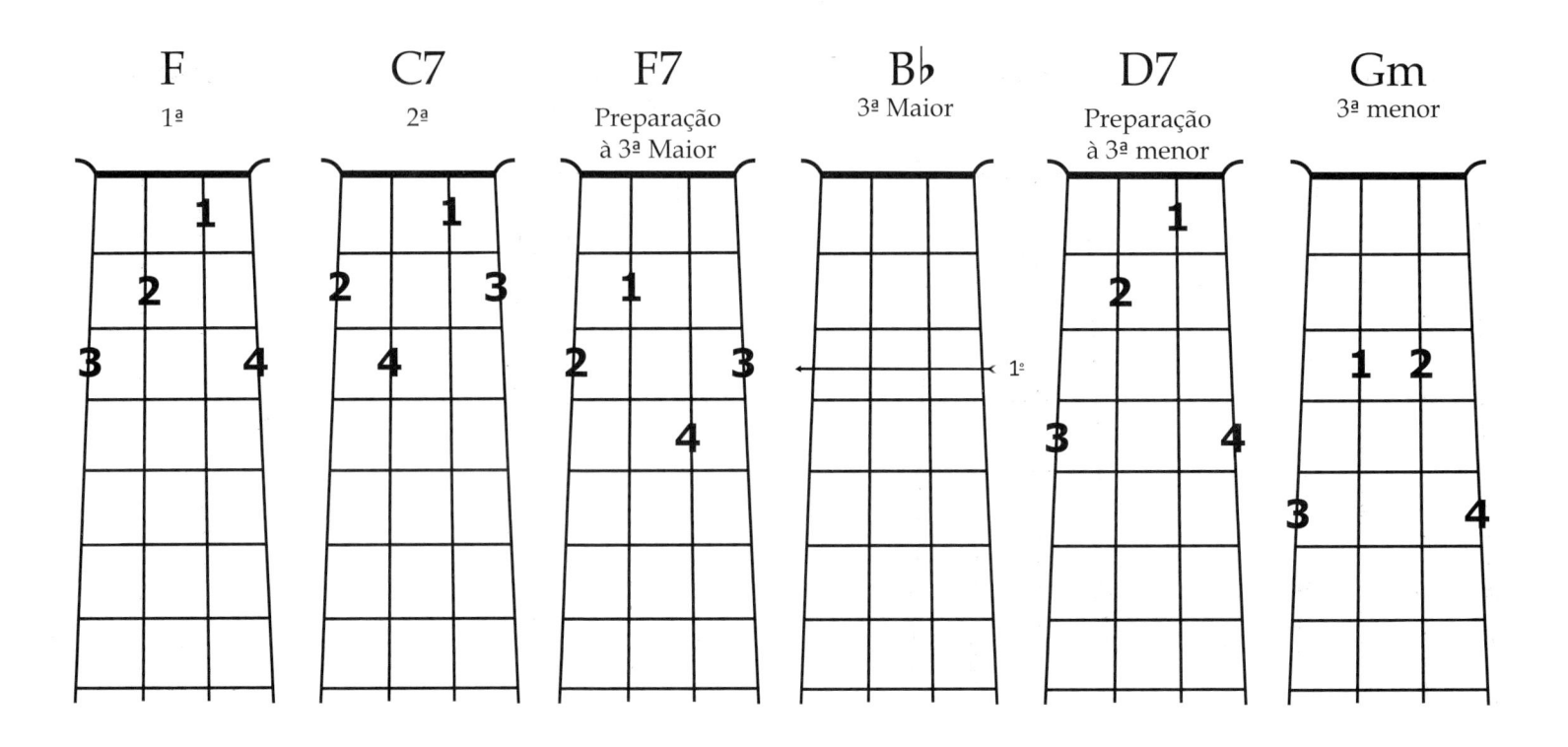

F	C7	F7	B♭	D7	Gm
1ª	2ª	Preparação à 3ª Maior	3ª Maior	Preparação à 3ª menor	3ª menor

RÉ MENOR (Dm)

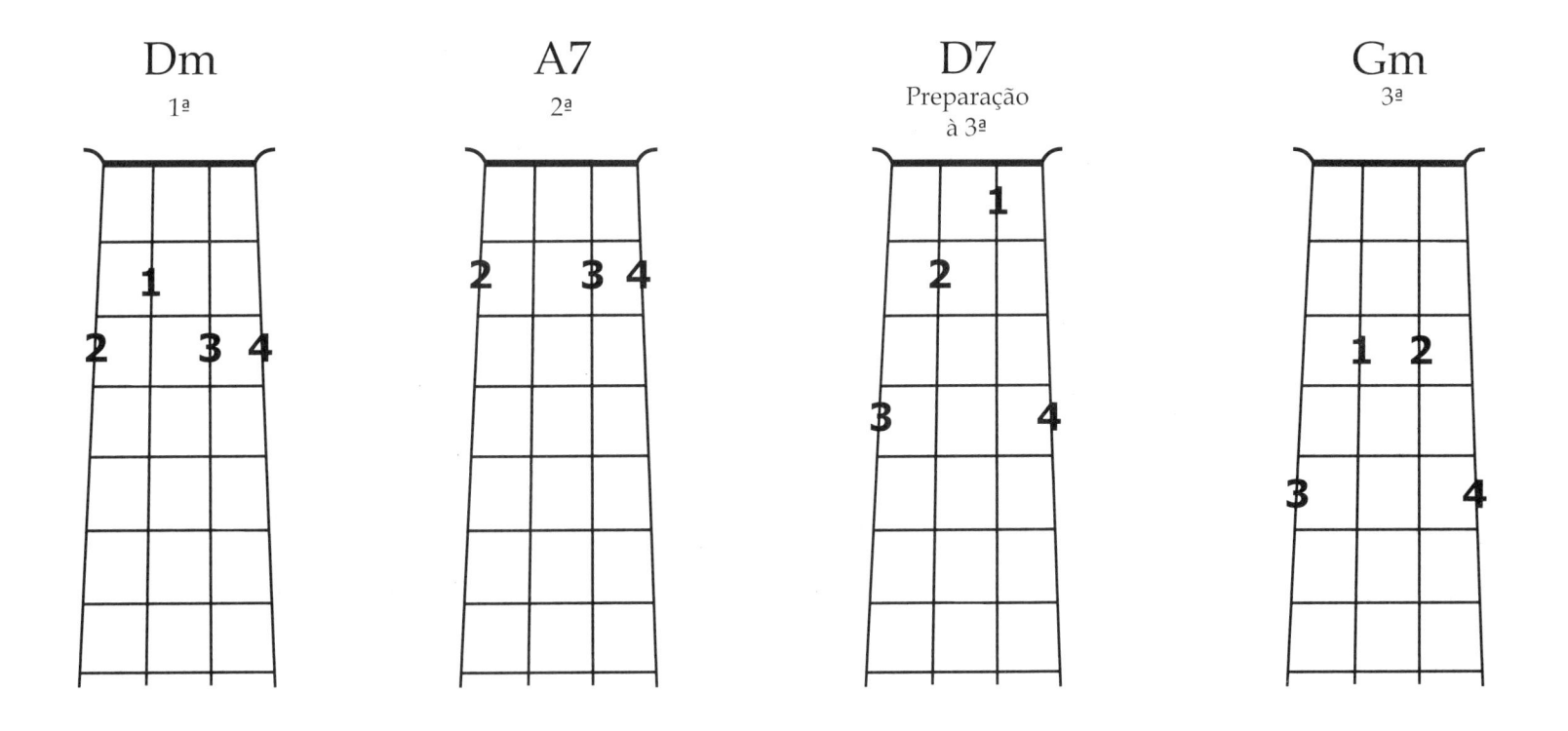

Dm
1ª

A7
2ª

D7
Preparação à 3ª

Gm
3ª

SOL MAIOR (G)

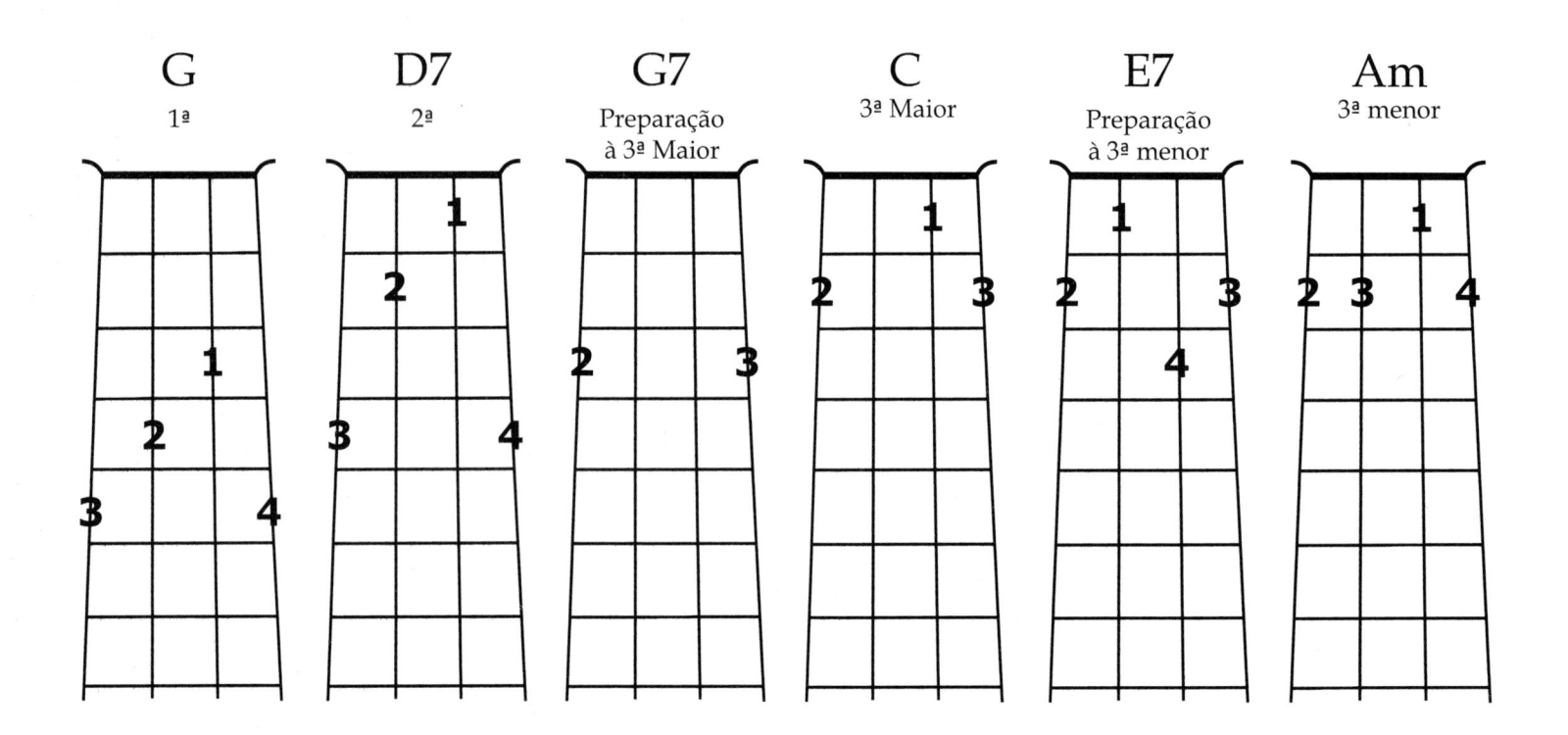

G
1ª

D7
2ª

G7
Preparação
à 3ª Maior

C
3ª Maior

E7
Preparação
à 3ª menor

Am
3ª menor

MI MENOR (Em)

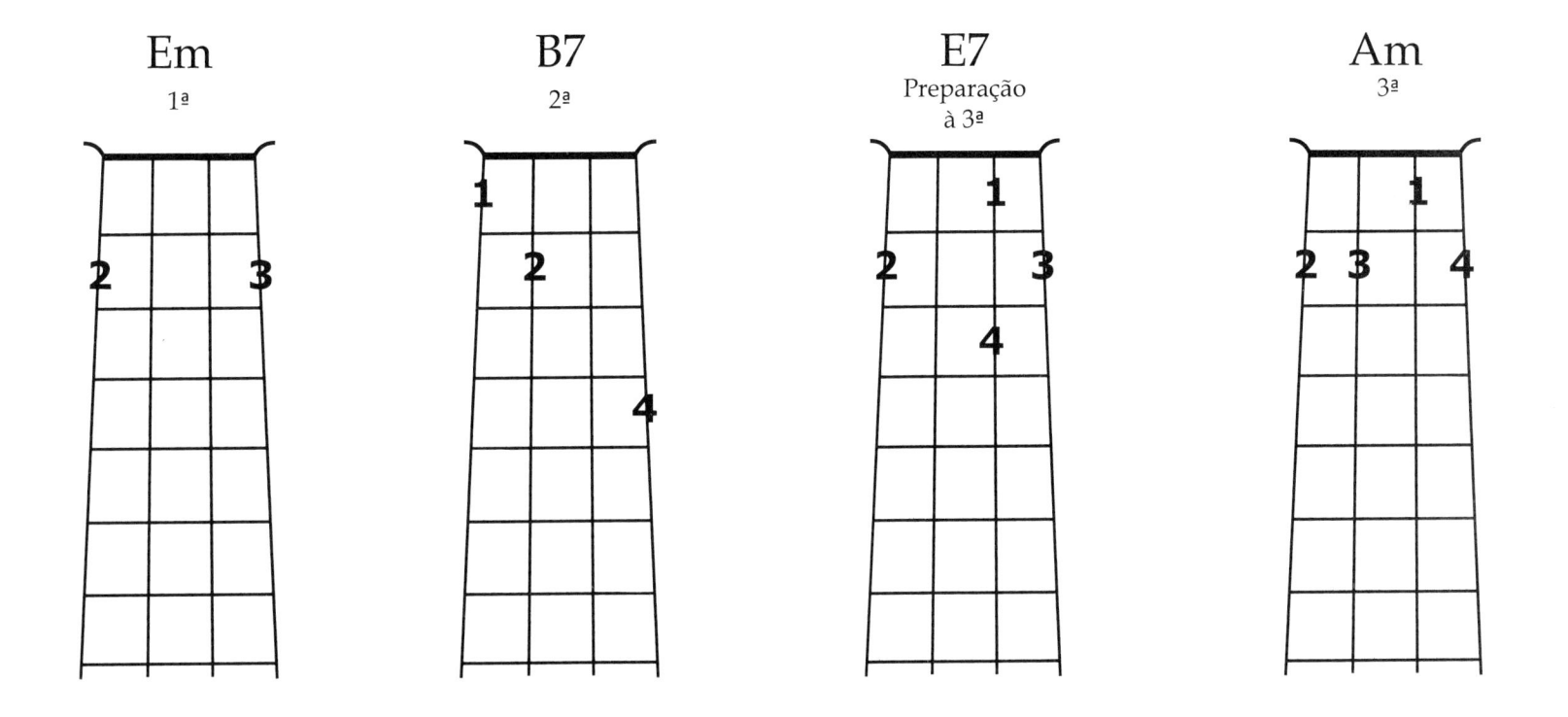

Em
1ª

B7
2ª

E7
Preparação
à 3ª

Am
3ª

LÁ MAIOR (A)

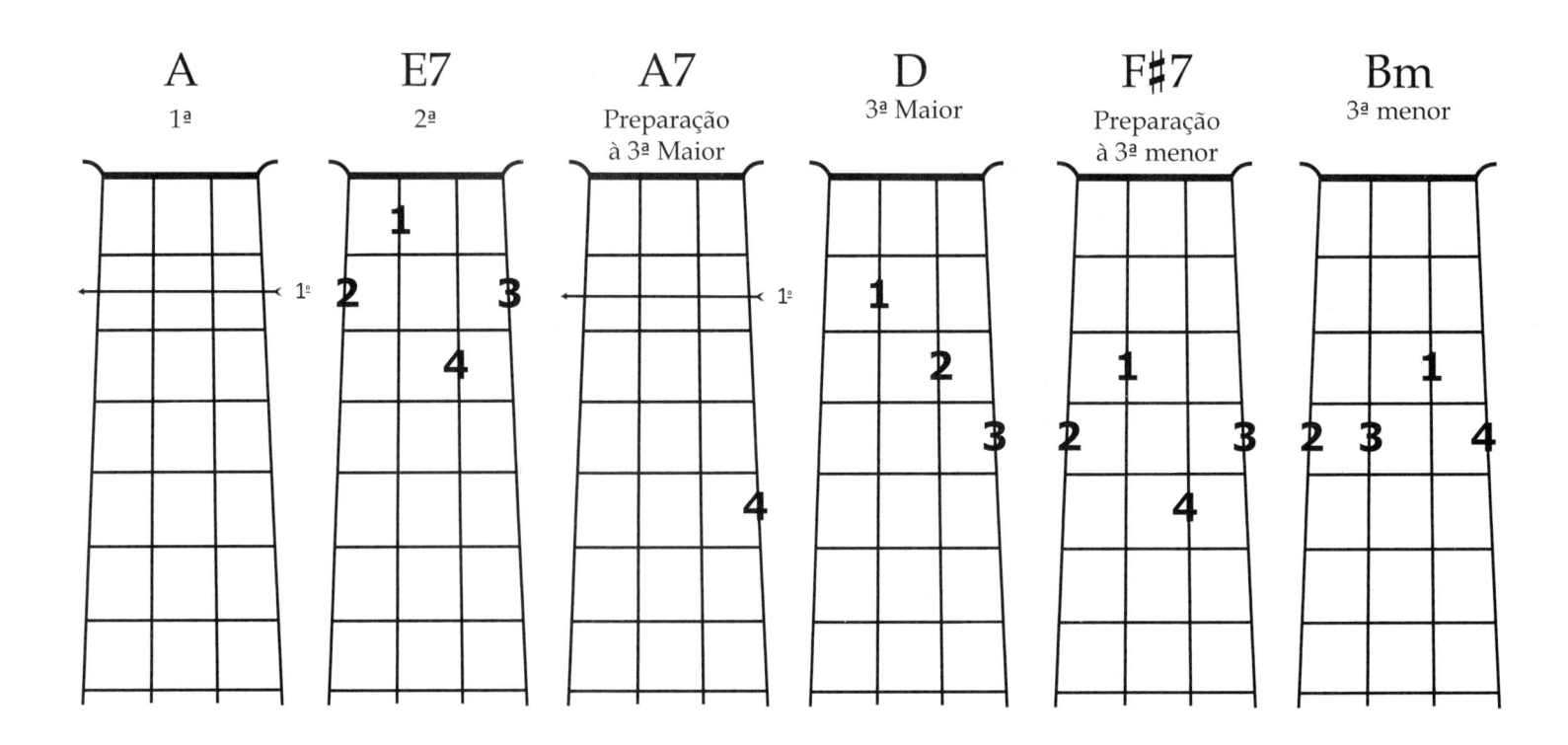

A	E7	A7	D	F#7	Bm
1ª	2ª	Preparação à 3ª Maior	3ª Maior	Preparação à 3ª menor	3ª menor

FÁ SUSTENIDO MENOR (F#m)

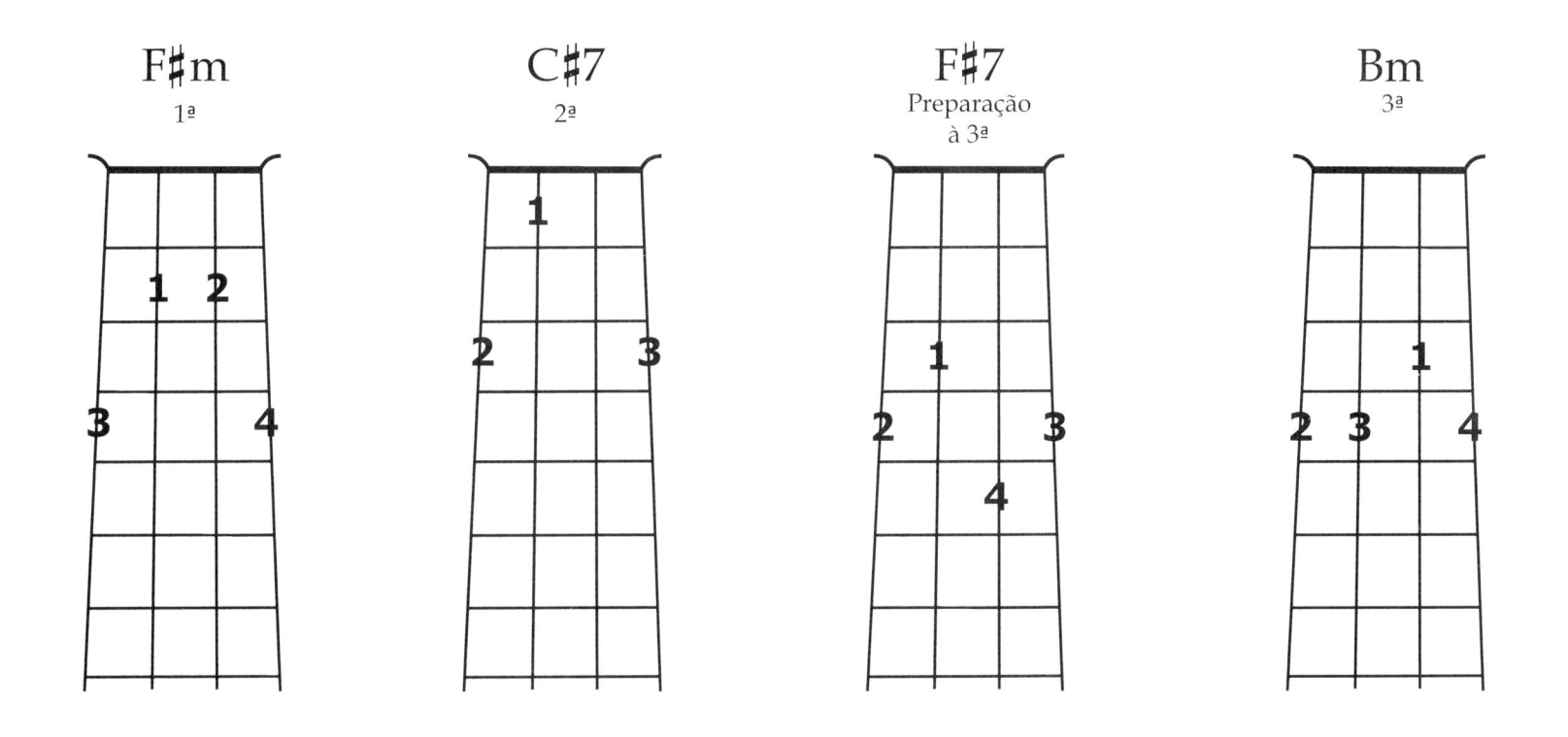

F#m
1ª

C#7
2ª

F#7
Preparação
à 3ª

Bm
3ª

SI MAIOR (B)

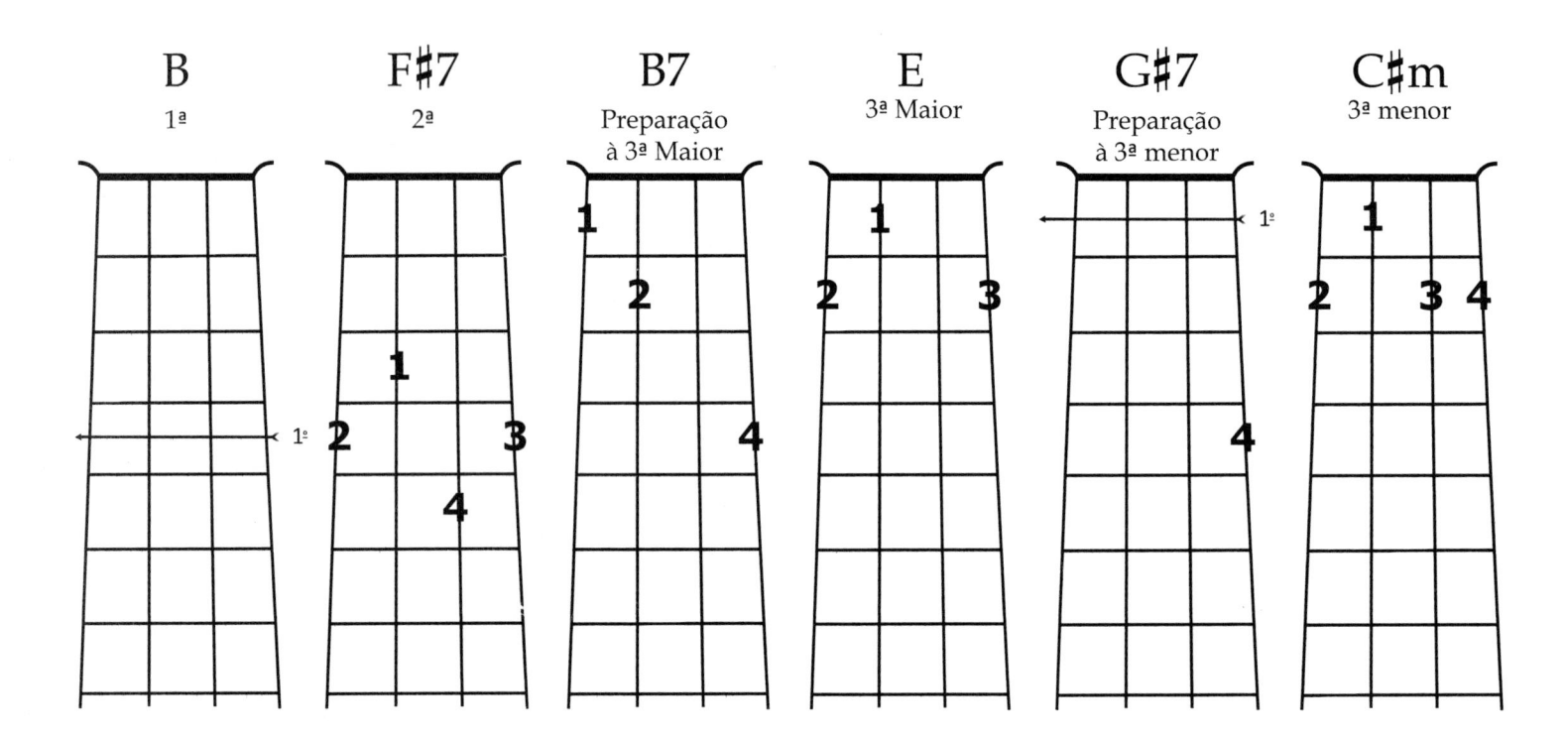

B
1ª

F#7
2ª

B7
Preparação
à 3ª Maior

E
3ª Maior

G#7
Preparação
à 3ª menor

C#m
3ª menor

SOL SUSTENIDO MENOR (G♯m)

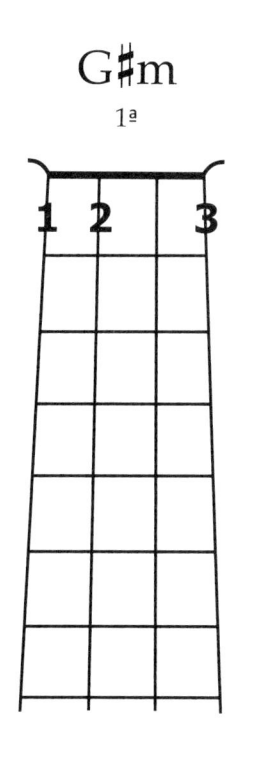

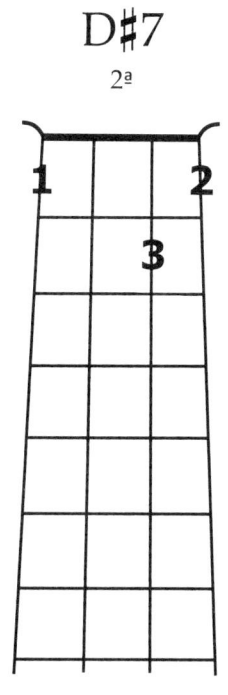

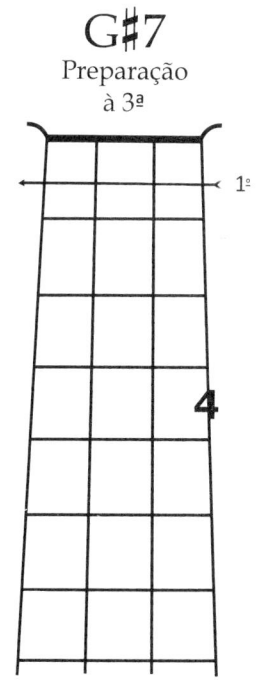

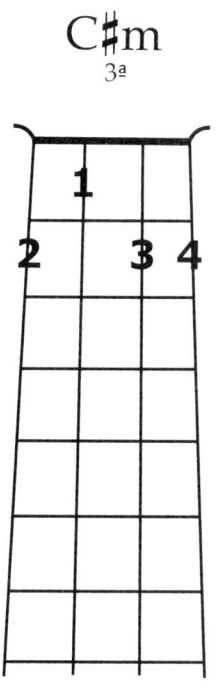

G♯m
1ª

D♯7
2ª

G♯7
Preparação à 3ª

C♯m
3ª

SI BEMOL MAIOR (B♭)

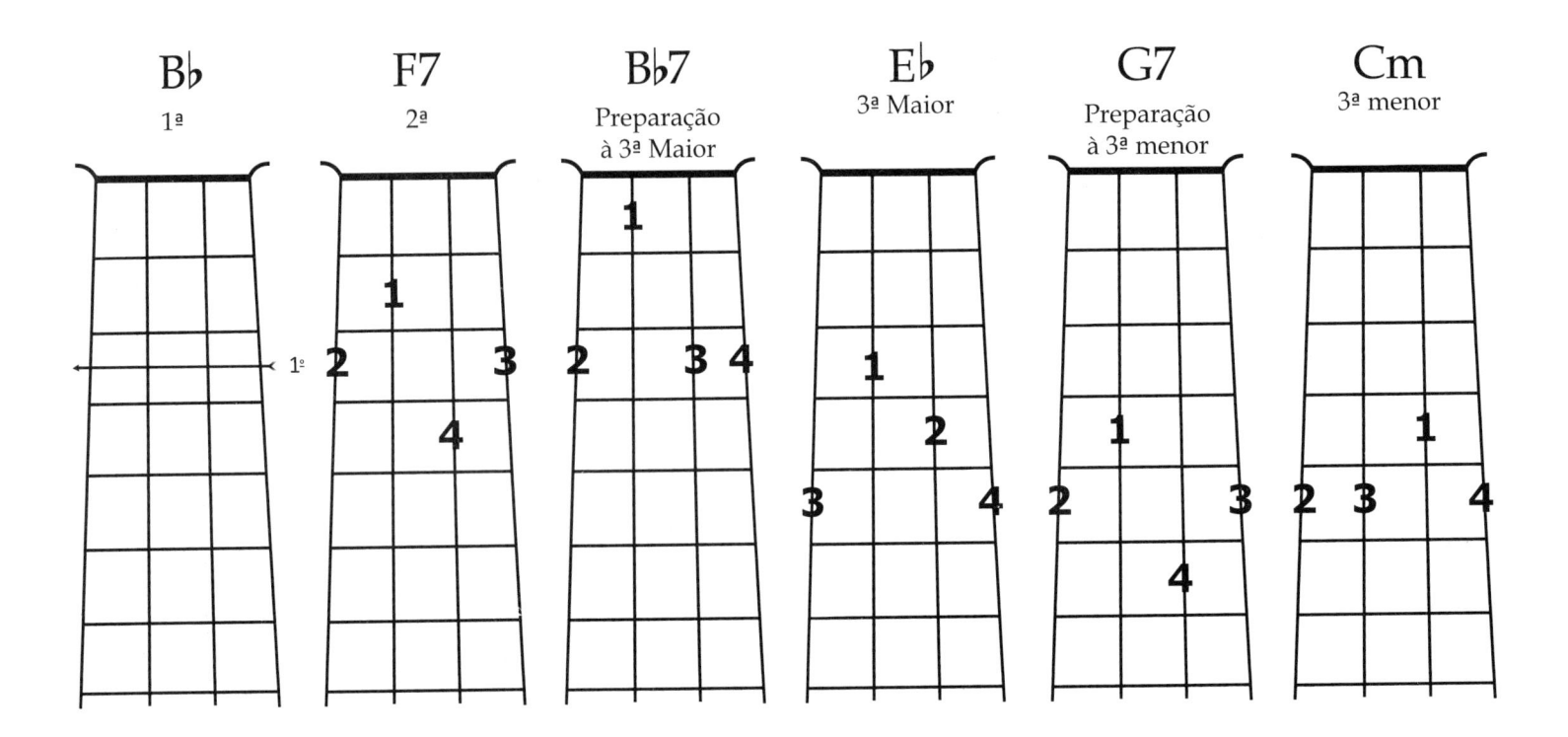

B♭
1ª

F7
2ª

B♭7
Preparação
à 3ª Maior

E♭
3ª Maior

G7
Preparação
à 3ª menor

Cm
3ª menor

SOL MENOR (Gm)

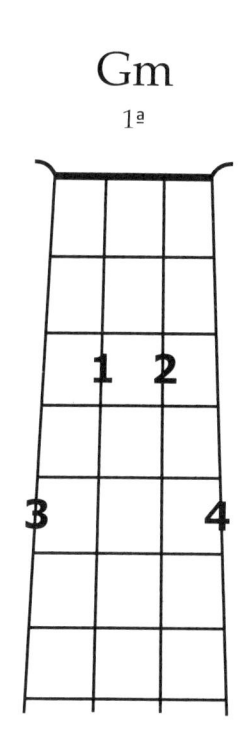

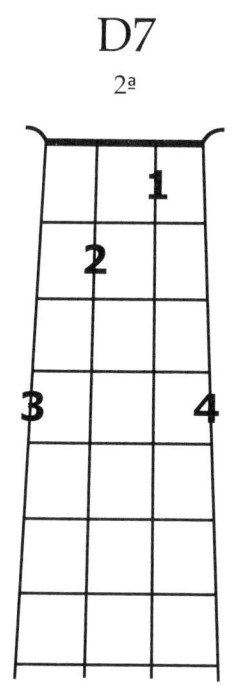

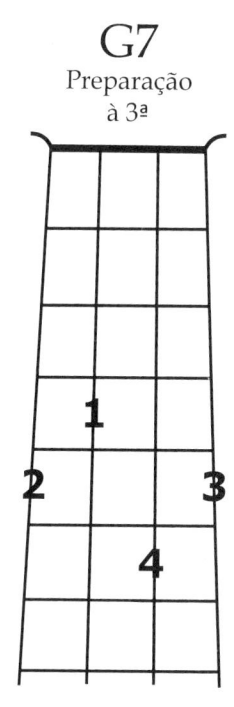

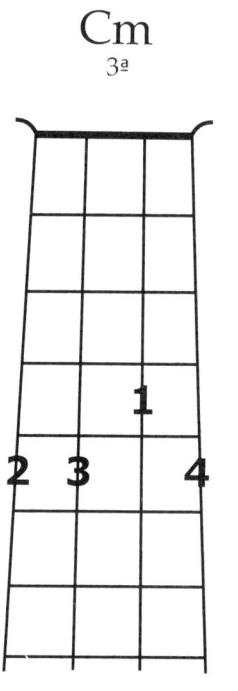

Gm
1ª

D7
2ª

G7
Preparação à 3ª

Cm
3ª

MI BEMOL MAIOR (E♭)

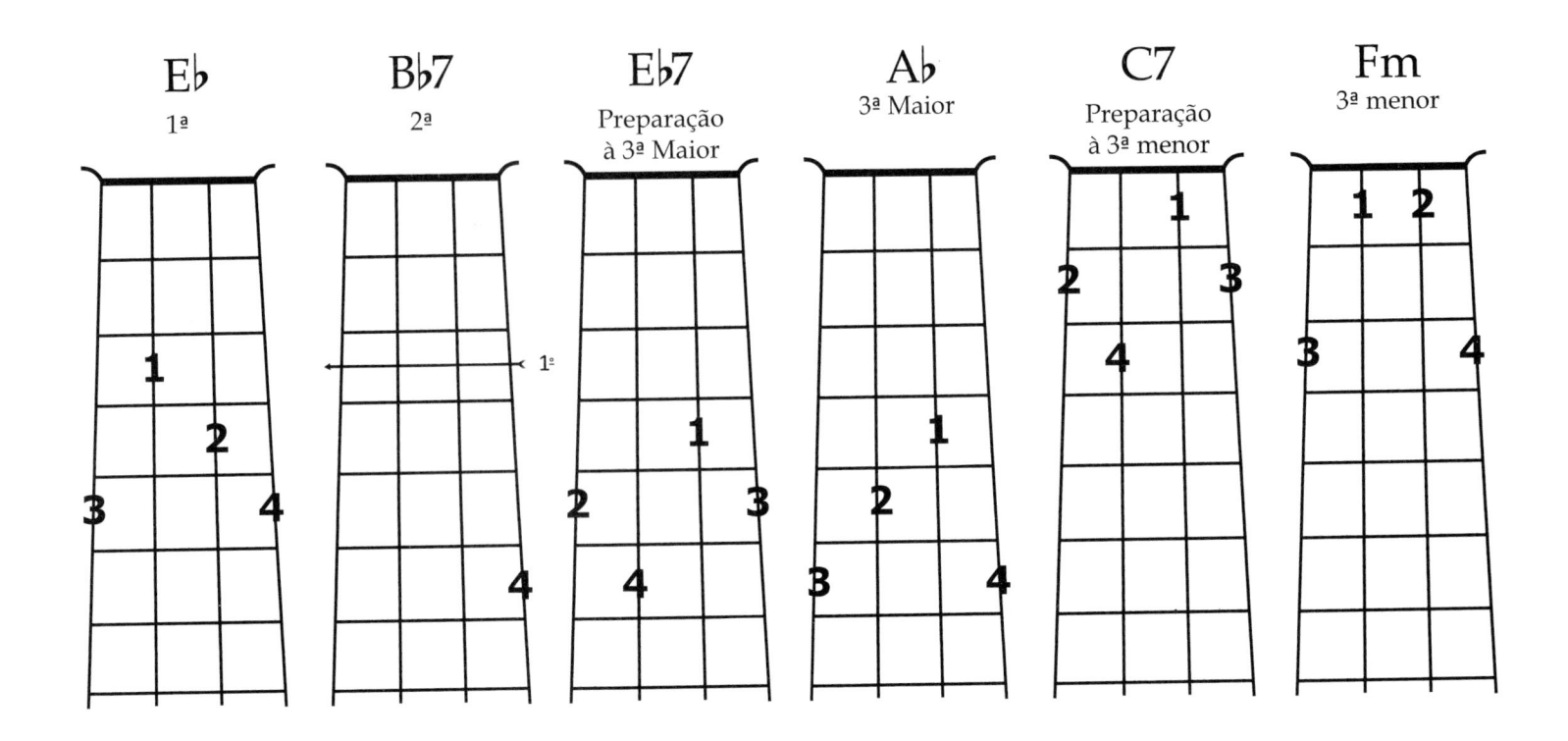

E♭
1ª

B♭7
2ª

E♭7
Preparação
à 3ª Maior

A♭
3ª Maior

C7
Preparação
à 3ª menor

Fm
3ª menor

DÓ MENOR (Cm)

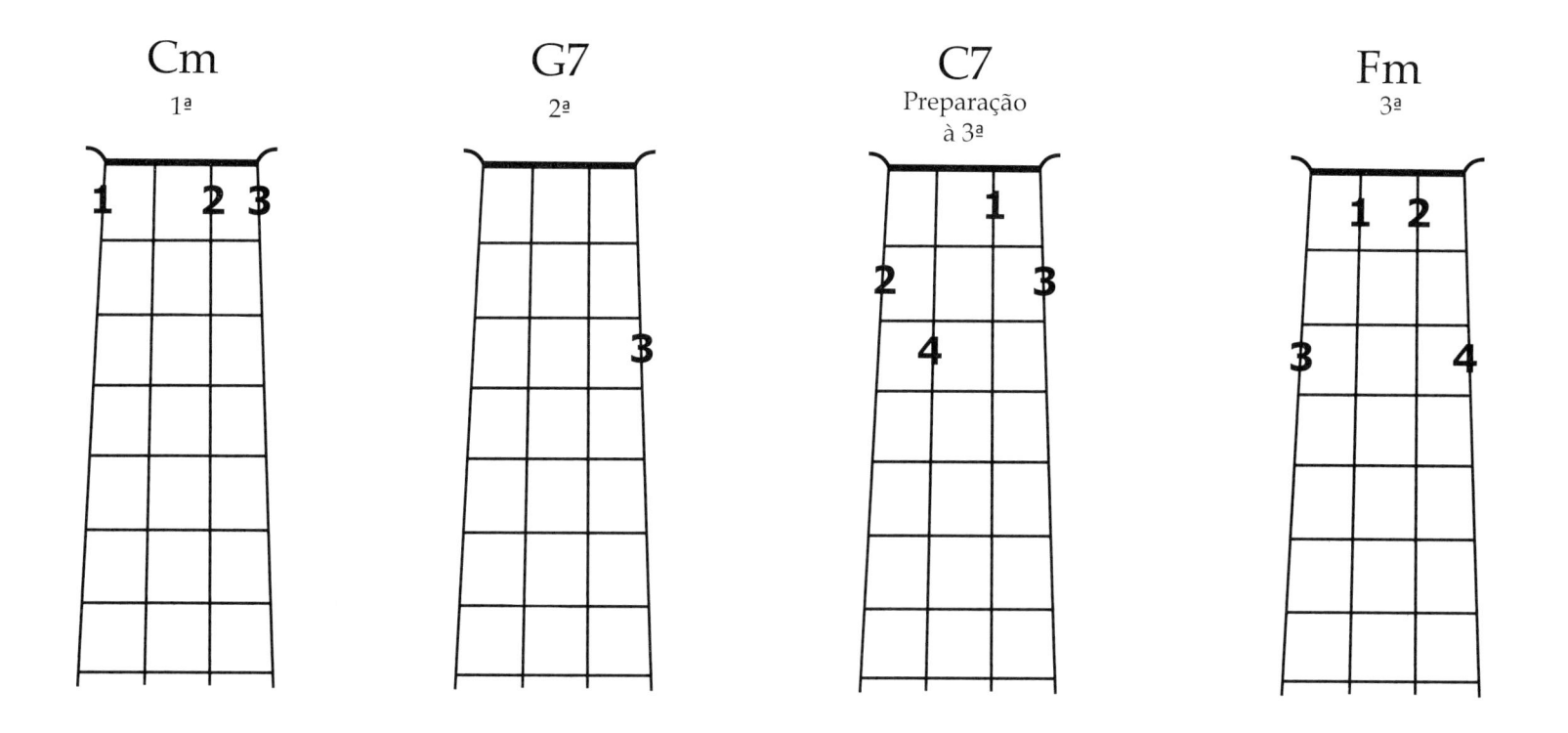

Cm
1ª

G7
2ª

C7
Preparação
à 3ª

Fm
3ª

LÁ BEMOL MAIOR (A♭)

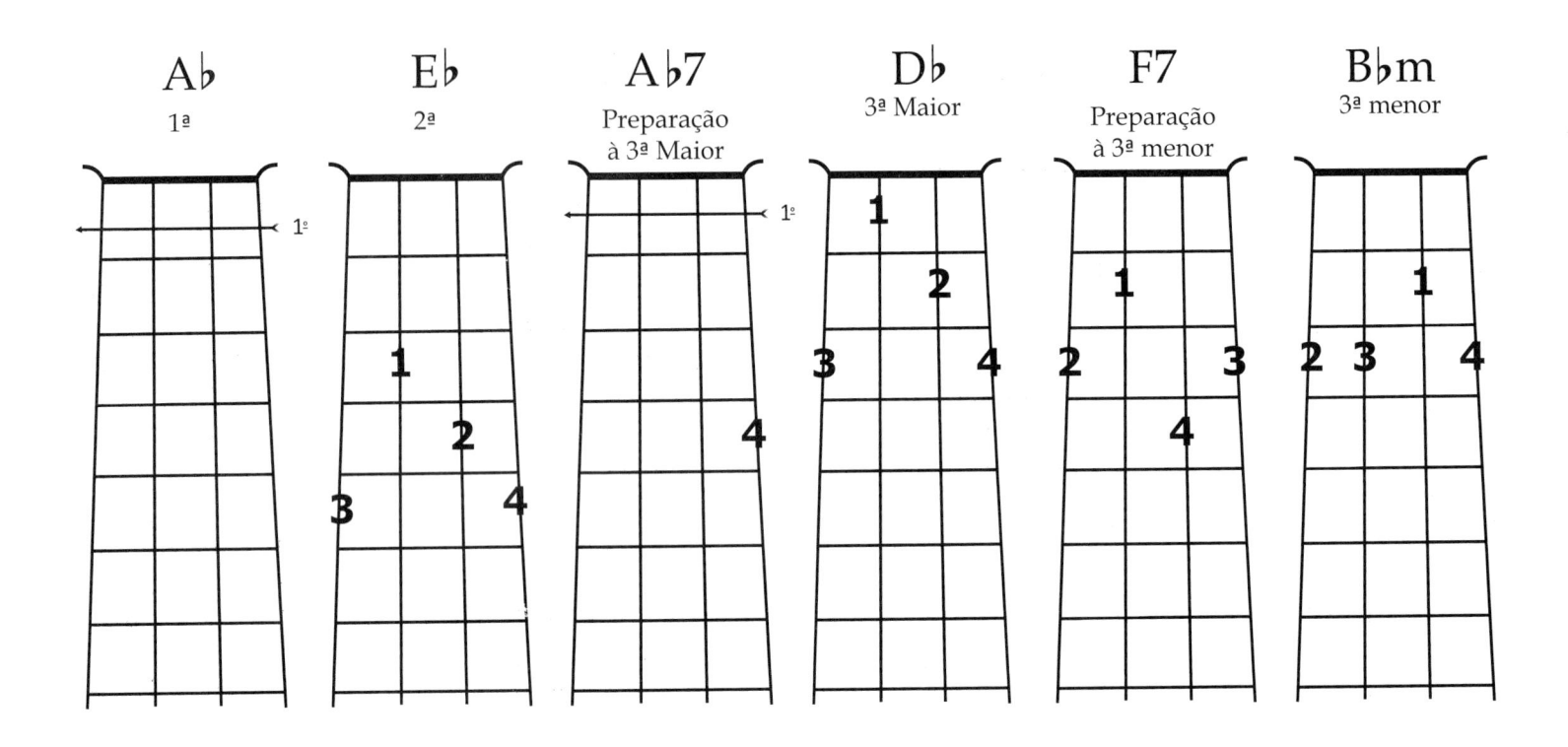

A♭
1ª

E♭
2ª

A♭7
Preparação
à 3ª Maior

D♭
3ª Maior

F7
Preparação
à 3ª menor

B♭m
3ª menor

FÁ MENOR (Fm)

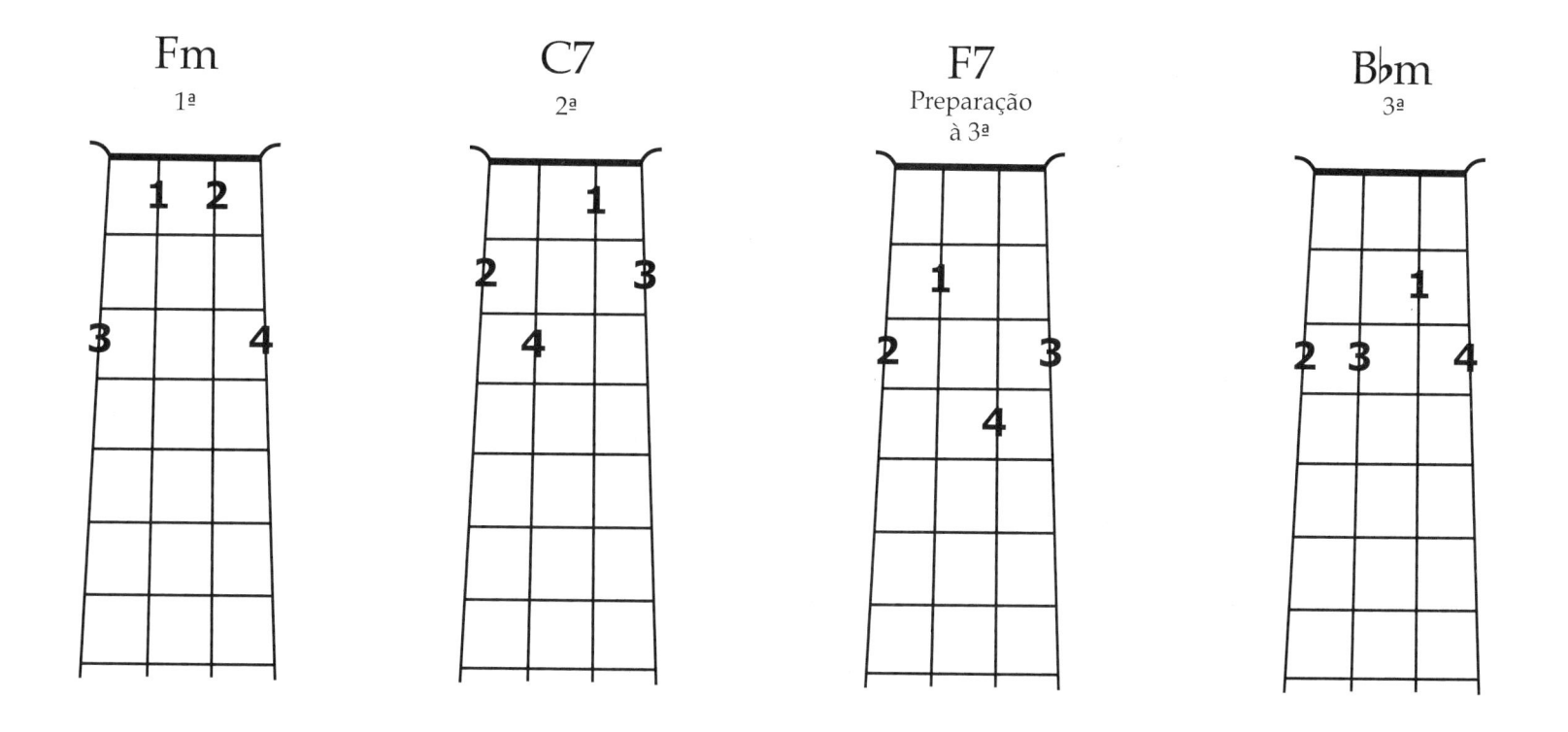

Fm
1ª

C7
2ª

F7
Preparação
à 3ª

B♭m
3ª

RÉ BEMOL MAIOR ou DÓ SUSTENIDO MAIOR
(D♭ ou C♯)

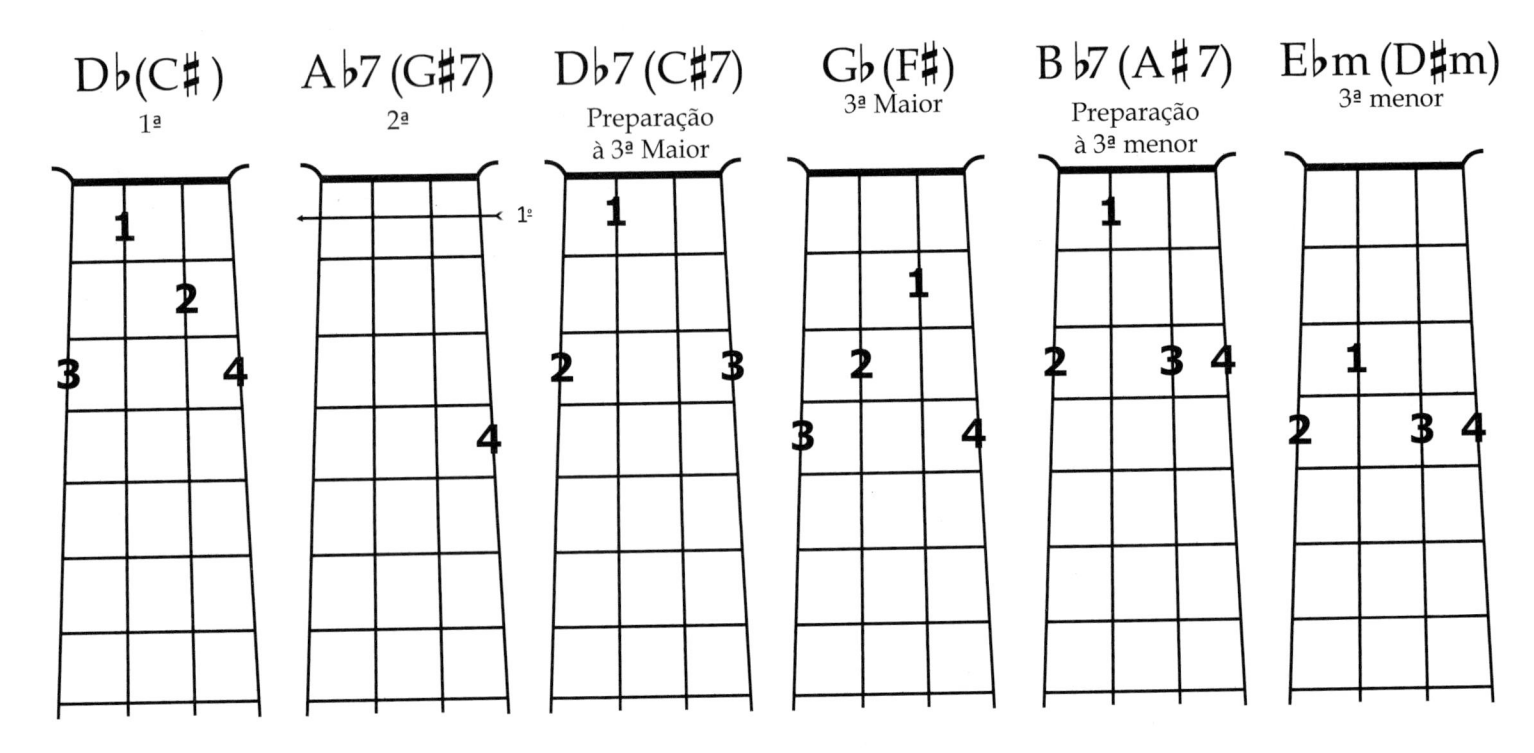

D♭ (C♯)
1ª

A♭7 (G♯7)
2ª

D♭7 (C♯7)
Preparação
à 3ª Maior

G♭ (F♯)
3ª Maior

B♭7 (A♯7)
Preparação
à 3ª menor

E♭m (D♯m)
3ª menor

SI BEMOL MENOR ou LÁ SUSTENIDO MENOR
(B♭m ou A♯m)

B♭m (A♯m)
1ª

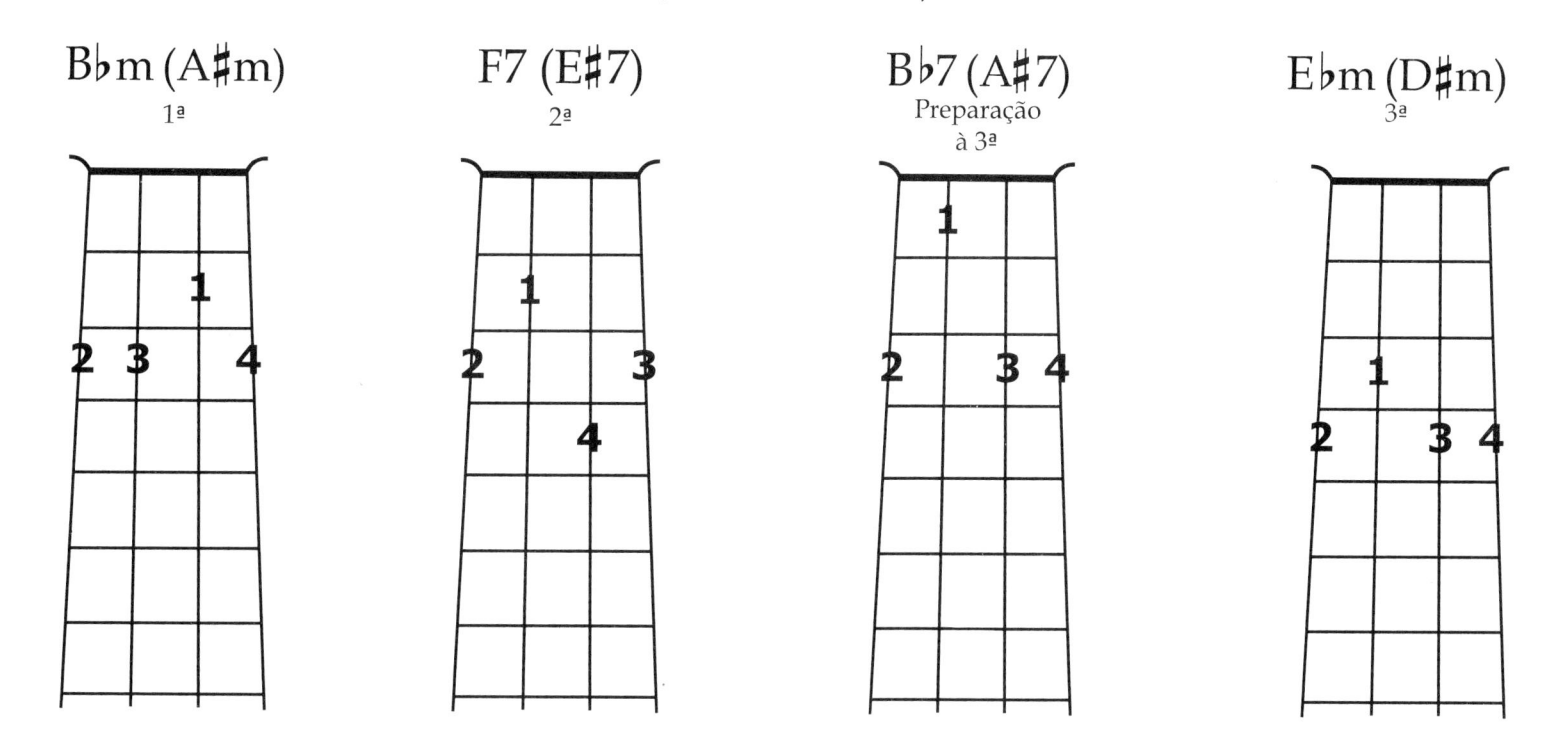

F7 (E♯7)
2ª

B♭7 (A♯7)
Preparação à 3ª

E♭m (D♯m)
3ª

SOL BEMOL MAIOR ou FÁ SUSTENIDO MAIOR
(G♭ ou F♯)

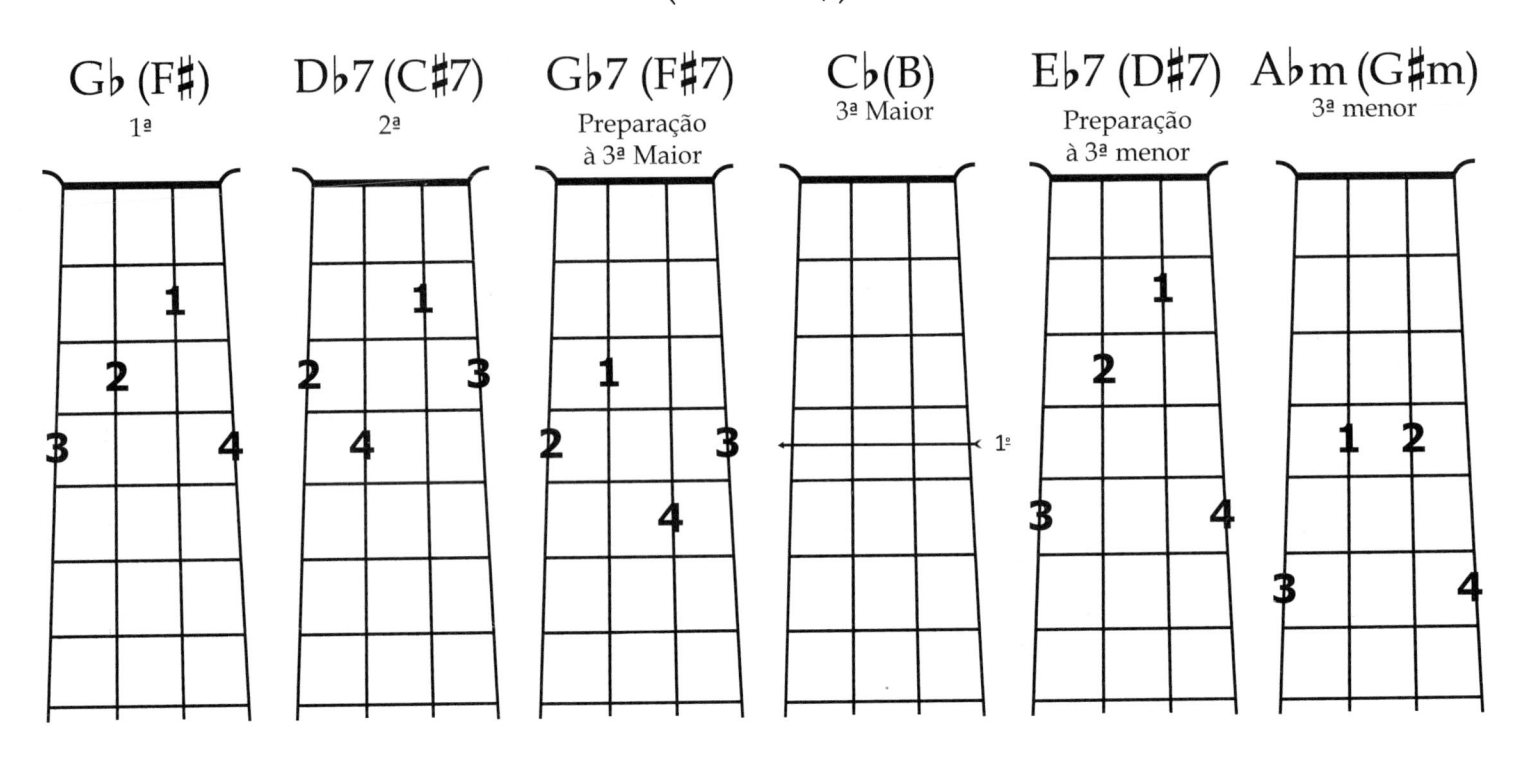

G♭ (F♯)
1ª

D♭7 (C♯7)
2ª

G♭7 (F♯7)
Preparação
à 3ª Maior

C♭ (B)
3ª Maior

E♭7 (D♯7)
Preparação
à 3ª menor

A♭m (G♯m)
3ª menor

MI BEMOL MENOR ou RÉ SUSTENIDO MENOR
(E♭m ou D♯m)

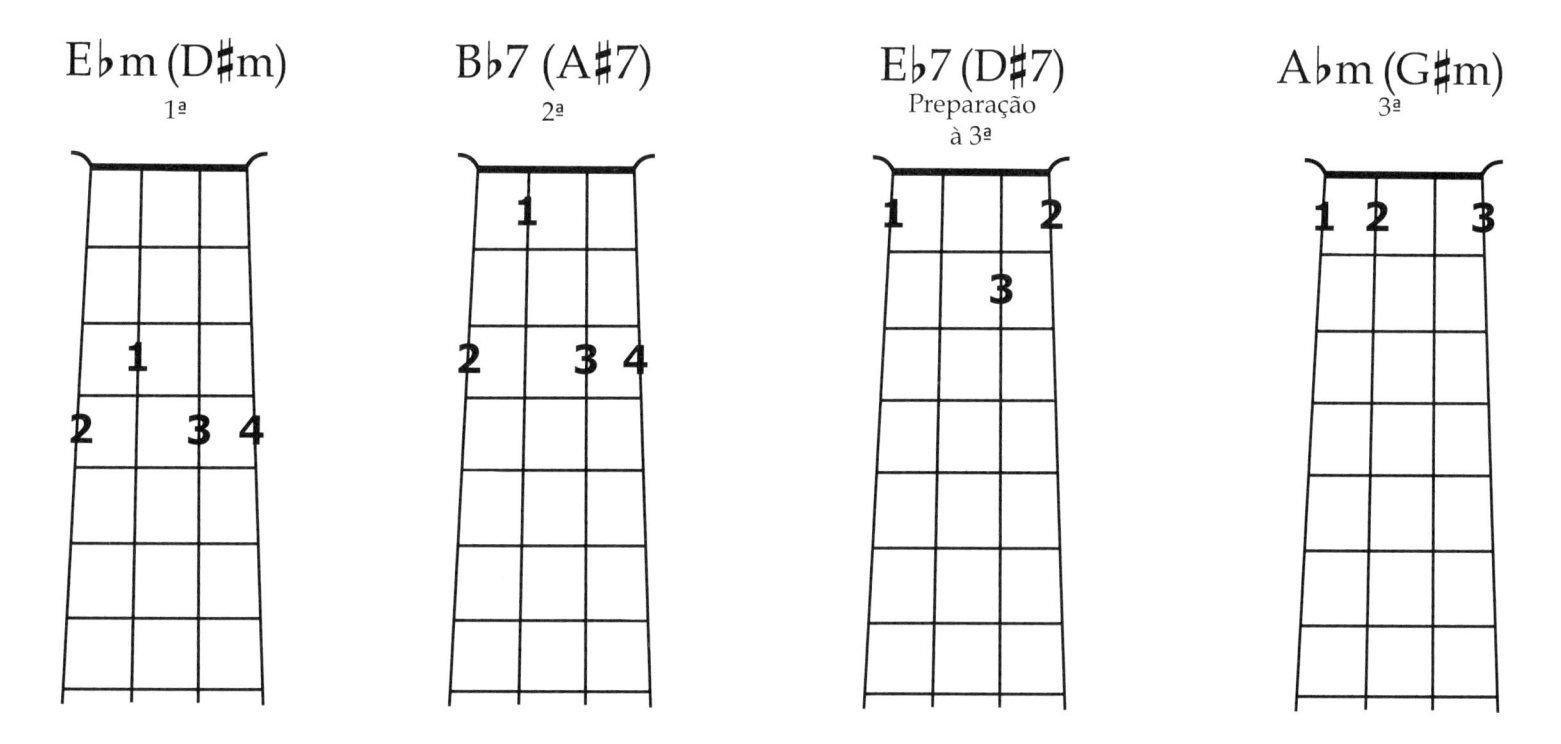

E♭m (D♯m)
1ª

B♭7 (A♯7)
2ª

E♭7 (D♯7)
Preparação à 3ª

A♭m (G♯m)
3ª

DÓ BEMOL MAIOR (C♭)

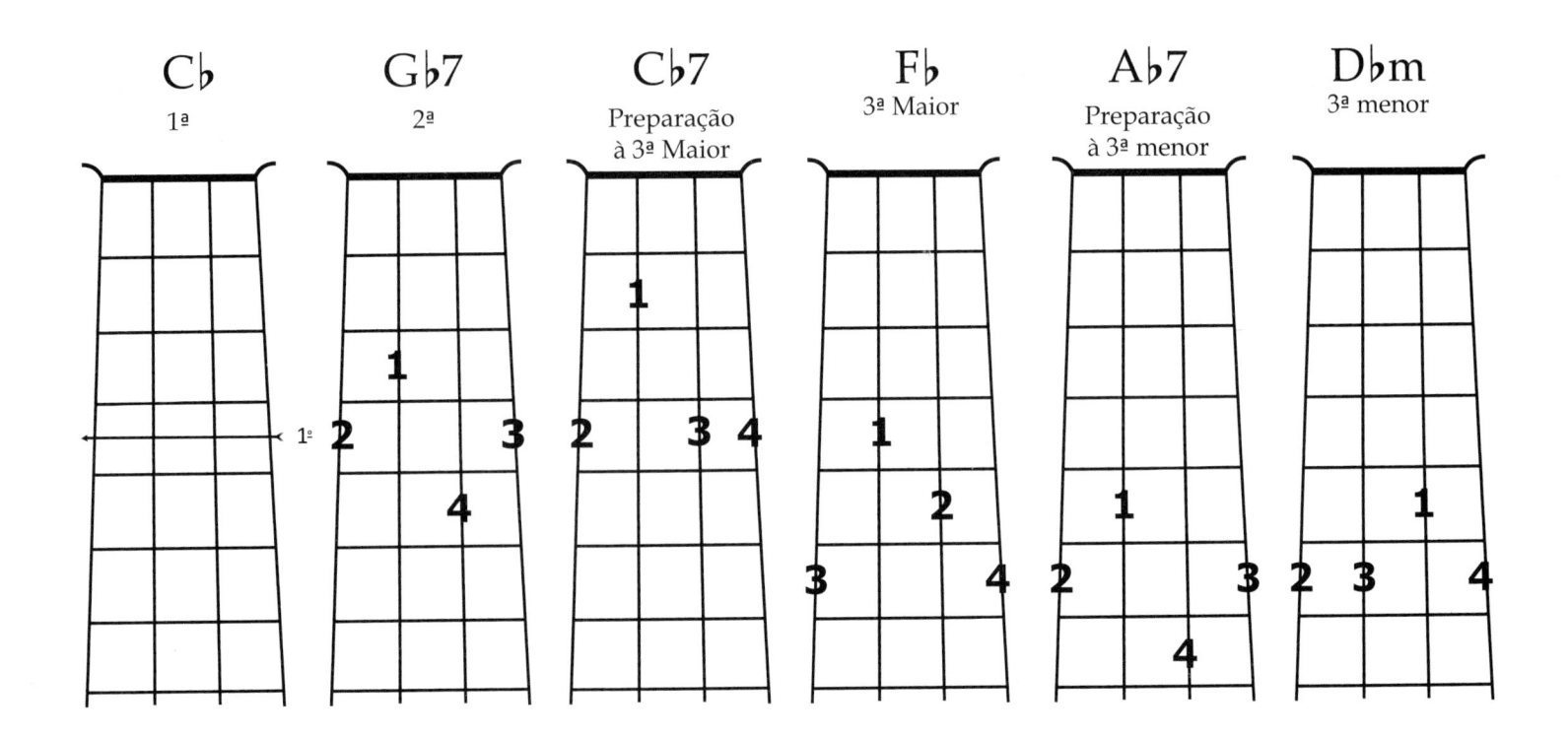

C♭	G♭7	C♭7	F♭	A♭7	D♭m
1ª	2ª	Preparação à 3ª Maior	3ª Maior	Preparação à 3ª menor	3ª menor

LÁ BEMOL MENOR (A♭m)

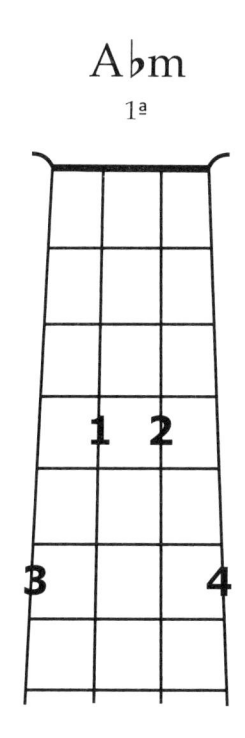

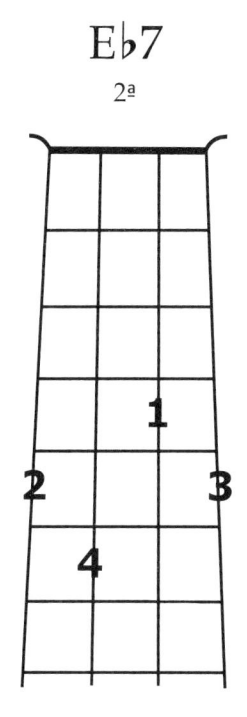

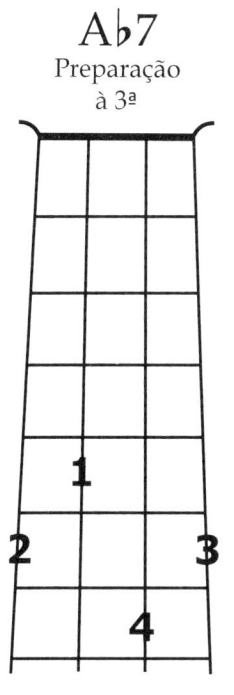

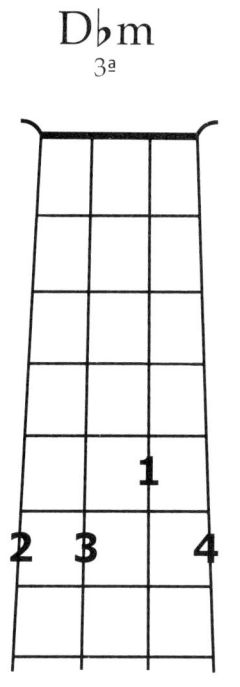

A♭m
1ª

E♭7
2ª

A♭7
Preparação à 3ª

D♭m
3ª